AF275061

Disfrute gratuitamente **DURANTE UN AÑO** de los eBook y audiolibros de las obras de Editorial Colex*

- ⊗ Acceda a la página web de la editorial **www.colex.es**

- ⊗ Identifíquese con su usuario y contraseña. En caso de no disponer de una cuenta regístrese.

- ⊗ Acceda en el menú de usuario a la pestaña «Mis códigos» e introduzca el que aparece a continuación:

RASCAR PARA VISUALIZAR EL CÓDIGO

Claves de la nueva regulación 2025 en subastas judiciales

- ⊗ Una vez se valide el código, aparecerá una ventana de confirmación y su eBook y audiolibro estará disponible **durante 1 año desde su activación** en la pestaña «Mis libros» en el menú de usuario.

---

* Los audiolibros están disponibles en las ediciones más recientes de nuestras obras. Se excluyen expresamente las colecciones «Códigos comentados», «Biblioteca digital» y los productos de www.vademecumlegal.es.

No se admitirá la devolución si el código promocional ha sido manipulado y/o utilizado.

¡Gracias por confiar en nosotros!

La obra que acaba de adquirir incluye de forma gratuita la versión electrónica.

Acceda a nuestra página web para aprovechar todas las funcionalidades de las que dispone en nuestro lector.

Funcionalidades eBook

Acceso desde cualquier dispositivo con conexión a internet

Idéntica visualización a la edición de papel

Navegación intuitiva

Tamaño del texto adaptable

Síguenos en:

CLAVES DE LA NUEVA REGULACIÓN 2025 EN SUBASTAS JUDICIALES

Todas las novedades introducidas
por LO 1/2025, de 2 de enero

CLAVES DE LA NUEVA REGULACIÓN 2025 EN SUBASTAS JUDICIALES

Todas las novedades introducidas
por LO 1/2025, de 2 de enero

EDICIÓN 2025

**Obra realizada por el Departamento de
Documentación de Iberley**

COLEX 2025

Copyright © 2025

© Editorial Colex, S.L.
Calle Costa Rica, número 5, 3.º B (local comercial)
A Coruña, C.P. 15004
info@colex.es
www.colex.es

I.S.B.N.: 979-13-7011-000-0
Depósito legal: C 457-2025

SUMARIO

0.
INTRODUCCIÓN: LA REFORMA DE LA SUBASTA JUDICIAL ELECTRÓNICA

La subasta judicial electrónica y sus modificaciones

La Ley 1/2000, de 7 de enero, de Enjuiciamiento Civil, trata de las **subastas en los artículos 643 a 675** de la misma, distinguiendo en esta regulación según se trate de la subasta de bienes muebles o de bienes inmuebles.

Los citados preceptos se han visto afectados en gran medida por la **reforma llevada a cabo por la Ley Orgánica 1/2025, de 2 de enero, de medidas en materia de eficiencia del Servicio Público de Justicia,** cuya entrada en vigor se produce el 3 de abril de 2025. En relación con las modificaciones introducidas en este ámbito y su aplicación hay que tener presente lo previsto en el **apartado 1 de la disposición transitoria novena** de la citada norma conforme a la cual *«Las previsiones recogidas por la presente ley serán aplicables exclusivamente a los procedimientos incoados con posterioridad a su entrada en vigor»*. **¿Esto qué significa?** Pues que la nueva regulación será de **aplicación a los procedimientos de subasta iniciados a partir del 3 de abril de 2025.**

Respecto de la subasta judicial electrónica la reforma realizada tiene por **finalidad perfeccionar y agilizar el sistema que introdujo la Ley 19/2015, de 13 de julio, de medidas de reforma administrativa en el ámbito de la Administración de Justicia y del Registro Civil**, el cual, en palabras del legislador, ha venido funcionando de forma muy positiva.

Las modificaciones introducidas por la LO 1/2025, de 2 de enero, han llevado a que la **subasta** sea considerada como el **elemento central del proceso de realización de un bien objeto de apremio**. Junto a ella destaca el papel del Portal de Subastas del Boletín Oficial del Estado y del/de la letrado/a de la Administración de Justicia (LAJ).

En cuanto al **Portal de Subastas** se pone a disposición de las personas interesadas en la subasta garantizando la máxima seguridad y confidencialidad dirigidas a la obtención del mejor resultado posible. Se busca proteger a otros acreedores interesados en el éxito de la subasta —como las Administraciones públicas— respecto de los cuales el recobro de sus créditos va a depender de la existencia de sobrante casi de forma exclusiva.

Por lo que se refiere a la **figura del/de la letrado/a de la Administración de Justicia**, se le conceden amplias facultades en el ámbito de las subastas, concretamente, destaca la disposición de toda la información que le permita comprobar la regularidad de la subasta. Se convierte el/la LAJ en el **garante del derecho a la tutela judicial efectiva en la vertiente de la prohibición de indefensión**. En este sentido el preámbulo de la LO 1/2025, de 2 de enero, cita la **sentencia del Tribunal Constitucional n.º 34/2020, de 24 de febrero, ECLI:ES:TC:2024:34**, y, en relación con la doctrina fijada en ella, señala:

> «(...) Ahondando en esa doctrina, corresponde al letrado o la letrada de la Administración de Justicia ser el garante de ese derecho. Por eso, en el caso de que compruebe que no se han cumplido las condiciones que garantizan que la subasta se celebre con la máxima publicidad, seguridad, confidencialidad y disponibilidad, o si considera que no han sido respetados los derechos de los postores, tendría que dar cuenta al tribunal para que, en su caso, la deje sin efecto».

Por todo lo expuesto y, sin perjuicio del estudio más detallado de las modificaciones introducidas en la regulación de la subasta a lo largo de esta obra, a continuación, se sintetizan los aspectos más destacados de las mismas, distinguiendo según se trate de la subasta de bienes muebles o la de bienes inmuebles.

A TENER EN CUENTA. Conforme al artículo 655.2 de la LEC a la subasta de bienes inmuebles le serán aplicables supletoriamente las normas de la subasta de bienes muebles con las especialidades que se prevean.

CAMBIOS EN LA SUBASTA DE BIENES MUEBLES (LO 1/2025, DE 2 DE ENERO)	
Hasta el 03/04/2025	**A partir del 03/04/2025**
Anuncio de la convocatoria de la subasta en el Portal de la Admon. de Justicia solo a efectos informativos.	Decreto de convocatoria con toda la información: el inicio de la subasta y su resultado no se le notificará personalmente, sino a través del Portal.
No consta expresamente *dies a quo*.	Plazos para el pago del resto del precio y traslado para mejora de postura: se inician automáticamente desde el cierre de la subasta.
Anuncio de la convocatoria de la subasta en el BOE sirve de notificación al ejecutado no personado.	Notificación personal del decreto de convocatoria al ejecutado no personado conforme al artículo 155 de la LEC.
Para tomar parte en la subasta los licitadores deben identificarse de forma suficiente.	Se amplía esta exigencia: el postor debe indicar si actúa en nombre propio o de otras personas. Si no se acredita la representación, se pierde el depósito.
Depósito necesario para participar en la subasta: 5 % del valor del bien.	10 % del valor de los bienes o un mínimo de 1.000 euros si la aplicación del porcentaje diese un resultado inferior. LAJ puede aumentar o reducir el porcentaje.
Cesión del remate: postores podrán reservarse de forma expresa esta facultad mediante comparecencia ante el LAJ.	Cesión del remate sin necesidad de manifestación expresa. Mediante escrito entre cedente y cesionario con plazo de 5 días para verificar la cesión.
No se prevé esta obligación.	Obligación del ejecutante de informar al órgano judicial del pago de la tasa para la publicación del anuncio de subasta.
El Portal de Subastas informará durante su celebración de la existencia y cuantía de las pujas.	Se suprime esta posibilidad, no se informa de la existencia o inexistencia de pujas ni de su cuantía. Tienen carácter reservado.
Se admiten posturas superiores, iguales o inferiores a la más alta realizada que se tendrán en cuenta cuando el que haga esta no consigne el resto del precio de adquisición	Mismo postor puede efectuar posturas por importe superior o inferior a la ya realizada, solo se tendrá en cuenta la última realizada al tiempo del cierre de la subasta

CAMBIOS EN LA SUBASTA DE BIENES MUEBLES (LO 1/2025, DE 2 DE ENERO)	
Hasta el 03/04/2025	**A partir del 03/04/2025**
Se admitirán posturas durante un plazo de 20 días naturales desde la apertura de la subasta.	Las posturas tendrán carácter secreto y se admitirán durante un plazo de 20 días improrrogables desde la apertura de la subasta.
Cierre de la subasta una hora después de la última postura (superior a la anterior) lo que posibilita la ampliación del plazo inicial hasta un máximo de 24 horas.	La subasta no puede terminar: en sábado, domingo, día festivo, agosto ni en día entre el 24 de diciembre y el 6 de enero, ambos incluidos.
Suspensión por más de 15 días: devolución de consignaciones y retroacción a la situación anterior al anuncio. Se reanuda con nueva publicación del anuncio.	Suspensión de la subasta por más de 15 días naturales: cancelación de la subasta, devolución de los depósitos y retroacción a la situación anterior al anuncio.
En caso de suspensión, se reanuda la subasta con nueva publicación del anuncio.	Si la suspensión no supera los 15 días naturales, se paraliza la celebración de la subasta, la cual se reanuda por el tiempo que reste para su conclusión.
Consignación por el rematante del importe de la postura (50% del avalúo o más) menos el depósito en 10 días desde la notificación del decreto después se le pone en posesión de los bienes.	Consignación por el mejor postor de la postura (50% del valor de subasta o más) menos el depósito en 10 días desde el cierre de la subasta, después posesión de los bienes y decreto de adjudicación.
El ejecutante puede mejorar el precio tras la finalización de la subasta.	Ejecutante que quiera adquirir el bien: incorporarse a la subasta como un licitador más. Puede hacer pujas, aunque no haya más postores, pero no mejorar el precio finalizada la subasta.
Ejecutante es el mejor postor: consignación de la diferencia, en su caso, en 10 días a resultas de la liquidación de costas.	No consigna la diferencia en plazo: quiebra de la subasta y descuento del crédito del ejecutante del importe del depósito de los demás postores. Nueva subasta con gastos a su cargo.
Posibilidad de posturas con pago a plazos siempre que se presten garantías siguientes.	Se suprime esta posibilidad.
Posibilidad de que el ejecutado presente tercero que mejore la postura, si no lo hace el ejecutante, en 5 días, puede pedir la adjudicación del bien.	Posibilidad de que el ejecutado presente escrito indicando persona dispuesta a mejorar. El ejecutante no puede pedir la adjudicación del bien después de la subasta.
No se contemplaban.	Se recogen ahora la forma y requisitos con que la mejora ha de llevarse a efecto.

CAMBIOS EN LA SUBASTA DE BIENES MUEBLES (LO 1/2025, DE 2 DE ENERO)	
Hasta el 03/04/2025	**A partir del 03/04/2025**
Subasta sin postores: puede el ejecutante adjudicarse los bienes por, mínimo, el 30 % del valor de tasación, si no, LAJ, a instancia del ejecutado, alzamiento del embargo.	Subasta sin postores: LAJ directamente, a instancia del ejecutado, procederá al alzamiento del embargo.
Finalizada la subasta se liberan o devuelven las cantidades consignadas, salvo la del mejor postor.	Se prevé la devolución inmediata de los depósitos realizados. Solo se tendrán en cuenta las dos primeras posturas, el primero no paga, se llama al segundo y se devuelven los demás depósitos.
Quiebra de la subasta si ninguno de los rematantes consigna en plazo el precio o si, por su culpa deja de tener efecto la venta. Pérdida del depósito y nueva subasta.	Quiebra de la subasta si el mejor postor o el primero de los postores que hubiera reservado postura no paga o por su culpa deja de tener efecto la venta. Pérdida del depósito y nueva subasta.
Ejecución insuficiente para saldar la cantidad debida, intereses y costas: tribunal certificación acreditativa del precio del remate y de la deuda pendiente.	La certificación se expide por el LAJ.

CAMBIOS EN LA SUBASTA DE BIENES INMUEBLES (LO 1/2025, DE 2 DE ENERO)	
Hasta el 03/04/2025	**A partir del 03/04/2025**
Artículos 655 a 675 de la LEC: aplicables a la subasta de inmuebles y de muebles sujetos a idéntico régimen de publicidad registral que aquellos.	Se exceptúa la aplicación de las reglas sobre adjudicación y puesta en posesión de bienes a la subasta de los muebles con régimen de publicidad registral similar.
No se prevé actualización de la información contenida en la certificación de cargas.	Demora de más de 6 meses en la petición de subasta: posibilidad de actualización de los datos a solicitud del LAJ antes de dictar el decreto de convocatoria de subasta.
Información sobre subsistencia de créditos anteriores y su cuantía actual: LAJ se dirige a los titulares de los créditos anteriores y preferentes al que sirvió para el despacho de la ejecución y al ejecutado.	A tal efecto, el LAJ se dirige a los acreedores registrales cuyos créditos sean preferentes o de igual rango al que sirvió para el despacho de la ejecución y al ejecutado.
En el caso anterior, pasados 10 días desde el requerimiento sin contestación, se entenderá la carga actualizada a los solos efectos de la ejecución.	Pasados los 10 días sin contestación, el LAJ podrá reiterar el requerimiento con apercibimiento de la imposición de multas, en tanto no se atiendan.
Contenido del anuncio de la subasta: art. 646 de la LEC y datos específicos del art. 668.2 de la LEC. Consulta de la certificación registral a través del Portal de Subastas.	Se amplía el contenido del anuncio, con referencia no solo a los datos, sino también a los documentos que los contengan. Se suprime la referencia a la certificación registral y su posible consulta.
Depósito necesario para participar en la subasta: 5 % del valor del bien.	20 % del valor de los bienes o un mínimo de 1.000 euros si la aplicación del porcentaje diese un resultado inferior. LAJ puede aumentar o reducir el porcentaje.
Pago por el rematante del resto del precio ofrecido: plazo de 40 días.	Pago por el mejor postor del resto del precio ofrecido: plazo de 20 días siguientes al cierre de la subasta.
Ejecutante es el mejor postor: LAJ procede a la liquidación de lo que se debe por principal, intereses y costas y el ejecutante consigna la diferencia si la hubiere.	No paga en plazo de 10 días: quiebra de la subasta y descuento del crédito del ejecutante del importe del depósito de los demás postores. Nueva subasta con gastos a su cargo.
Posibilidad de posturas con pago a plazos siempre que se presten garantías siguientes.	Se suprime esta posibilidad.
Porcentaje mínimo de mejora: 70 % del valor de subasta.	Porcentaje mínimo de mejora: 60 % del valor de subasta.

CAMBIOS EN LA SUBASTA DE BIENES INMUEBLES (LO 1/2025, DE 2 DE ENERO)	
Hasta el 03/04/2025	**A partir del 03/04/2025**
No se contemplaban.	Se recogen ahora la forma y requisitos con que la mejora ha de llevarse a efecto.
En defecto de mejora, el ejecutante puede adjudicarse el inmueble.	Habiendo pujas y no siendo el mejor postor el ejecutante no puede mejorar el precio ni pedir la adjudicación del bien o lote con posterioridad a la subasta.
A falta de mejora y de adjudicación del bien por el ejecutante: aprobación del remate por cantidad superior al 50% del valor de tasación o que cubra aquella por la que se despacha ejecución, intereses y costas.	No mejora o sin efecto: se aprueba el remate por cantidad superior al 50% del valor de subasta o por la suficiente para satisfacer completamente al ejecutante (nunca inferior al 40% del valor de subasta).
Se contempla el caso especial de la vivienda habitual del deudor con los límites del 70% y 60% solo respecto del caso de subasta sin postor.	Caso especial de la vivienda habitual del deudor: los límites anteriores serán del 70 % del valor de subasta o la cantidad que se le deba al ejecutante (nunca inferior al 60% del valor de subasta).
Subasta sin postores: plazo de 20 días desde cierre de la subasta para adjudicación del bien por 50% de su valor o por la cantidad debida, si no, LAJ, a instancia del ejecutado, alzamiento del embargo.	Subasta sin postores: LAJ directamente, a instancia del ejecutado, procederá al alzamiento del embargo. Posibilidad de que el ejecutado designe a un tercero para adjudicarle el bien.

1.
LA REFORMA DE LA SUBASTA DE BIENES MUEBLES

Regulación de la subasta de los bienes muebles

En cuanto a la subasta de bienes muebles los artículos que se han visto reformados son los artículos 644 a 653 de la LEC:

- Artículo 644 de la LEC. Convocatoria de la subasta.

- Artículo 645 de la LEC. Anuncio y publicidad de la subasta.

- Artículo 646 de la LEC. Contenido del anuncio y de la publicidad de la subasta.

- Artículo 647 de la LEC. Requisitos para pujar. Ejecutante licitador.

- Artículo 648 de la LEC. Subasta electrónica.

- Artículo 649 de la LEC. Desarrollo y terminación de la subasta. Aprobación del remate.

- Artículo 650 de la LEC. Aprobación del remate. Pago. Adjudicación de bienes.

- Artículo 651 de la LEC. Subasta sin postores.

- Artículo 652 de la LEC. Devolución y destino de los depósitos constituidos para pujar. Reserva de postura.

- Artículo 653 de la LEC. Quiebra de la subasta.

A modo de resumen, y en lo que respecta a la subasta judicial electrónica, la norma realiza una reforma que afecta a diferentes aspectos de esta, perfeccionando y agilizando su sistema.

Asimismo, y en cuanto a los trámites posteriores a la subasta, necesarios para la aprobación del remate, adjudicación y entrega de los bienes, se establece que el inicio del cómputo de los plazos para pago del resto del precio y traslado para mejora de postura, cuando no cubra los porcentajes mínimos, se produzca automáticamente desde la fecha de cierre de la subasta. Esto es posible porque el Portal de Subastas del BOE publica siempre el precio ofrecido por el mejor postor, lo que permite conocer el resultado a cualquiera que tenga interés en la subasta.

A continuación, detallaremos cada una de las modificaciones sufridas en el procedimiento de subasta de bienes muebles.

1.1. Convocatoria de la subasta

La **convocatoria de la subasta** se regula en el art. 644 de la LEC.

Antes de la reforma en el citado artículo se establecía que una vez fijado el justiprecio de los bienes muebles embargados, el LAJ mediante decreto acordaría la convocatoria de la subasta, que se llevaría a cabo siempre de forma electrónica en el Portal de Subastas, bajo su responsabilidad.

Tras la entrada en vigor de la reforma, se establece el contenido que deberá tener el referido decreto, en el mismo se informará al ejecutado de que el plazo para pagar el resto del precio ofrecido y el traslado previsto en los arts. 650 y 670 de la LEC, para que el ejecutado pueda presentar a otra persona que mejore el precio resultante de la subasta. El **plazo comenzará a contar** desde la fecha de su cierre, sin necesidad de notificación personal.

Además de lo anterior, se informará al ejecutado de que, en el plazo de 10 días desde la notificación del decreto, puede comunicar al tribunal su deseo de facilitar el mejor desarrollo de la subasta, pudiendo consentir la inspección del bien por los interesados. A estos efectos, deberá facilitar, dentro de ese plazo, sus datos de contacto, así como fotografías y cuanta información disponga respecto al estado actual del bien y su situación posesoria. Si así lo hiciera, y se tratara de la subasta de un inmueble, podrá beneficiarse de una reducción de la deuda que puede alcanzar hasta un 2 % del importe por el que se adjudicara, conforme prevé el apdo. 3 del artículo 669 de la LEC.

Por último, también **se hará constar que el portal de subastas del BOE permite a los usuarios registrados suscribirse** a alertas por correo electrónico para conocer el momento de inicio de la subasta.

La notificación de este decreto al ejecutado no personado deberá practicarse en la forma prevista en el artículo 155 de la LEC.

La subasta, se llevará a cabo, en todo caso, de forma electrónica en el Portal de Subastas, bajo la responsabilidad del/ de la LAJ.

1.2. Anuncio y publicidad de la subasta

El anuncio y la publicidad de la subasta se regula en el **art. 645 de la LEC**. La novedad es que el/la LAJ autorizará al procurador del ejecutante a petición de este último, a llevar a efecto el anuncio de la subasta de la forma establecida en el apdo. 1 de este artículo.

«1. Una vez firme la resolución prevista en el artículo anterior, la convocatoria de la subasta se anunciará en el "Boletín Oficial del Estado". El letrado o letrada de la Administración de Justicia ante el o la que se siga el procedimiento de ejecución ordenará la publicación del anuncio de la convocatoria de la subasta remitiéndose el mismo, con el contenido a que se refiere el artículo siguiente y de forma telemática, al "Boletín Oficial del Estado"».

1.3. Contenido del anuncio y de la publicidad de la subasta

En este ámbito la modificación radica, en primer lugar, en el Portal de Subastas donde se incorporará el edicto de cada una por separado, que tendrá que tener todos los documentos que contengan datos y circunstancias que sean relevantes y el avalúo o valoración del bien ahora se incorporará a través de informe.

En segundo lugar, ahora se informará en el edicto de que **el plazo para pagar el resto del precio ofrecido** y el traslado previsto por los artículos 650 y 670 para que el ejecutado pueda presentar a otra persona que mejore el precio resultante de la subasta, comenzará a contar desde la fecha de su cierre, **sin necesidad de notificación personal**.

1.4. Requisitos para pujar. Ejecutante licitador

En cuanto a la identificación, los licitadores deberán identificarse, como así se contemplaba antes de la reforma, pero si bien, a partir de la entrada en vigor de la misma, además tendrán que indicar tal y como se establece en el **art. 647 de la LEC**:

– Si actúan en nombre propio o de terceros, total o parcialmente.

– Si actúan en representación de varios, y en este caso, informarán sobre el porcentaje de adjudicación que corresponda a cada uno.

Asimismo, una vez concluida la subasta, quien resultara ser el mejor postor deberá acreditar su representación ante la Oficina judicial que haya intervenido como autoridad gestora de la subasta, salvo que ya constara previamente. Si no lo hiciera en el plazo de tres días y no se ratificará en ella el propio representado, el letrado o letrada de la Administración de Justicia acordará la pérdida de su depósito que se aplicará a los fines de la ejecución, y solicitará al Portal de Subastas que comunique la identidad del siguiente postor con reserva de postura. También ordenará la devolución de los depósitos de los demás postores, quedando sin efecto sus reservas de postura.

La falta de acreditación de la representación no interrumpirá los plazos establecidos para el pago del resto del precio o de traslado al deudor para mejora de postura.

Otra novedad, es que, para estar en posesión de la correspondiente acreditación, antes era necesario haber consignado un 5 % que pasará a un 10 % del valor de los bienes o un mínimo de 1.000 euros si el importe que resultara de la aplicación de ese porcentaje fuera inferior. El letrado o letrada de la Administración de Justicia está facultado para elevar o reducir el porcentaje del depósito, considerando las circunstancias de la subasta.

Por otra parte, antes el ejecutante solo podía tomar parte en la subasta cuando existían otros licitadores, ahora el mismo podrá tomar parte de la subasta, aunque no existan otros licitadores y sin necesidad de consignar cantidad alguna.

Necesariamente habrá de hacerlo, en las condiciones previstas en los artículos 650 y 670 de la LEC, cuando pretenda adjudicarse los bienes. Finalizada la subasta, no podrá mejorar el precio final ofrecido por el mejor postor. Si no hubiera habido pujas, tampoco podrá solicitar la adjudicación de los bienes.

Por último, el apdo. 3 del art. 647 de la LEC cambia sustancialmente y quedará redactado como sigue:

«3. El ejecutante y los acreedores posteriores participan en la subasta con derecho a ceder el remate a un tercero, sin necesidad de manifestación expresa. Si no se hubiera efectuado con anterioridad, la cesión se verificará en el plazo de cinco días que deberá conferir el letrado o letrada de la Administración de Justicia cuando queden los autos pendientes de dictar el decreto de adjudicación y tras haberse pagado, en su caso, el precio de remate. A tal efecto, se presentará escrito firmado por cedente y cesionario al que se adjuntarán los documentos que permitan acreditar la identidad, facultades y representación de los firmantes, si no constaran ya en el expediente.

Si la cesión ha sido mediante precio, se acreditará documentalmente el pago de la cantidad total por la que el cesionario hubiera obtenido la cesión.

El precio de la cesión de remate podrá ser inferior al del remate o adjudicación sin perjuicio de que la minoración de deuda para el ejecutado deberá corresponderse con el importe total del remate o adjudicación.

Si hubiera sobreprecio también se aplicará a los fines de la ejecución, y así se hará constar en el decreto de adjudicación como un concepto distinto del precio de adjudicación. Si, a consecuencia de ese sobreprecio, existiera sobrante respecto al crédito total reclamado, se requerirá al ejecutante para que proceda a su ingreso en la cuenta del juzgado en el plazo de diez días.

Si no efectuara el pago en el plazo de diez días, se declarará la quiebra de la subasta y se descontará del crédito del ejecutante el importe equivalente al depósito exigido a los demás postores para participar en esa subasta, corriendo a su cargo los gastos de celebración de la nueva subasta».

1.5. La subasta electrónica

La **Ley 1/2025, de 2 de enero**, en lo que respecta a la subasta judicial electrónica, realiza una reforma que afecta a diferentes aspectos de esta, con el objeto de perfeccionar y agilizar un sistema que, desde su introducción por la Ley 19/2015, de 13 de julio, ha venido funcionando de una forma positiva.

En primer lugar, se introduce en la 2.ª regla del art. 648 de la LEC, que el pago de la tasa exigida por el BOE para la publicación del anuncio será realizado por el solicitante de la subasta dando cuenta al órgano judicial previamente a su inicio. Igualmente, si el solicitante no lo hiciere en el plazo de 10 días desde la remisión, el pago podrá ser realizado por cualquiera de las demás partes de la ejecución, dando cuenta al órgano judicial previamente a su inicio.

Se elimina la exigencia de que el Portal de Subastas debe informar durante la celebración de la subasta de la existencia y cuantía de las pujas.

> **A TENER EN CUENTA.** En la regla 4.ª del art. 648 de la LEC se actualiza la remisión a la Ley 59/2003, de 19 de diciembre, y queda establecida al art. 6 del Real Decreto-ley 6/2023, de 19 de diciembre.

Se siguen admitiendo las pujas por importe superior o inferior, si bien, con la nueva regulación se especifica que **cuando sean hechas por un mismo postor, a la que ya hubiera realizado en cuyo caso solo será tenida en cuanta la última efectuada antes del cierre de la subasta.**

Por último, una de las novedades más importante, es que, durante el período de celebración de la subasta, el portal no informará de la existencia o inexistencia de pujas ni de su cuantía, ya que **tendrán carácter secreto**. Al finalizar la subasta, **el portal solo publicará el importe del mejor precio ofrecido**, o que la subasta ha concluido sin postores.

1.6. Desarrollo y terminación de la subasta. Aprobación del remate

A partir de la reforma, las **posturas tendrán que tener carácter secreto,** durante el plazo de 20 días naturales que será —como novedad— improrrogable.

Otra novedad de la nueva regulación del artículo 649 de la LEC, es que se especifican los días en los que la subasta no podrá finalizar:

- En sábados.

- En domingos.

- En los días de fiesta nacional.

- En los días que medien entre el 24 de diciembre y el 6 de enero (ambos inclusive).

- En el mes de agosto.

CUESTIÓN

¿Qué ocurrirá si la subasta se suspende por un periodo superior a 15 días naturales?

Llevará consigo su cancelación con la devolución de los depósitos a los postores, retrotrayendo la situación al momento inmediatamente anterior a la publicación del anuncio.

También encontramos novedades con respecto a la **suspensión de la subasta**:

- **La suspensión de la subasta por un periodo superior a 15 días naturales** llevará consigo su cancelación, con devolución de los depósitos a los postores, retrotrayendo la situación al momento inmediatamente anterior a la publicación del anuncio.

- **Si la suspensión de la subasta no supera los 15 días naturales**, quedará paralizada la celebración de la subasta, que se reanudará por el tiempo que reste para su conclusión.

Además, el Portal de Subastas comunicará a la Oficina judicial las incidencias que se produzcan en el desarrollo de la subasta y facilitará toda la información que pueda serle solicitada para comprobar que la subasta se ha celebrado con la máxima:

- Publicidad.

- Confidencialidad.

- Seguridad.

- Disponibilidad.

Y así, de la anterior manera ahora se garantizará más los derechos de los postores sin estos resultar afectados y cumpliendo el resto de prescripciones legales. En caso contrario, el/la LAJ podrá no aprobar el resultado de la subasta y ordenar una nueva celebración, algo que antes no se contemplaba.

Una vez ya haya finalizado la subasta el/la LAJ dejará constancia del resultado de la misma en el expediente, y como ya se contemplaba, expresando el nombre del mejor postor y de la postura que formuló.

Cómo última novedad al respecto, **si la mejor postura cumpliera los requisitos necesarios para la adjudicación del bien o lote, dictará inmediatamente decreto de aprobación de remate.**

1.7. Aprobación del remate, pago y adjudicación de bienes

A la aprobación del remate, pago y adjudicación de bienes al acreedor se refiere el artículo 670 de la LEC, siendo en este punto dónde se han introducido más modificaciones por la **LO 1/2025, de 2 de enero**, dentro de la subasta de bienes muebles, como se analiza a continuación.

En primer lugar, cabe señalar que, en el citado artículo, la **LO 1/2025, de 2 de enero**, ha sustituido en todo su texto la palabra avalúo por valor de la subasta.

En cuanto a la **aprobación del remate**, el LAJ lo hará mediante decreto que ya no podrá emitirse el mismo día del cierre de la subasta, sino que únicamente podrá hacerlo al día siguiente.

El **plazo de consignación** por parte del mejor postor de la postura antes de la entrada en vigor de la referida reforma era de **10 días** a contar desde la notificación del decreto, posteriormente el citado plazo habrá que contarlo **desde el cierre de la subasta**. Y una vez realizada la consignación se dictará el llamado **decreto de adjudicación** que también se introduce como novedad.

Si fuera el ejecutante quien hiciese la mejor postura igual o superior al 50 % del valor de la subasta, y la cantidad ofrecida fuera:

– **Igual o inferior al principal reclamado**, se le pondrá inmediatamente en posesión de los bienes y de dictará decreto de adjudicación.

- **Superior al principal reclamado**, se procederá por el/la LAJ a la liquidación de lo que se deba por principal, intereses y ahora como novedad también las costas.

Asimismo, una vez notificada la anterior liquidación, el ejecutante consignará la diferencia, si la hubiere, en el plazo de 10 días, tras la reforma, una vez se haya consignado la diferencia se le pondrá en posesión de los bienes y se dictará decreto de adjudicación.

Pero **¿qué ocurrirá en el caso de que la diferencia no se consigne en el plazo de 10 días?** Como novedad en el **art. 650.2 de la LEC** se introducen las consecuencias económicas que tiene para el ejecutante no pagar la diferencia entre su crédito y el precio que hubiera ofrecido para adquirir el bien subastado, y se hace de un modo análogo al regulado para los demás postores cuando son éstos los que no pagan el precio ofrecido en la subasta. Se va a descontar de su crédito la misma cantidad que hubieran tenido que depositar los demás postores, y se celebrará nueva subasta, si fuera necesaria. Así, en la nueva redacción del art. 650.2 *in fine* de la LEC es la siguiente:

> «Si no efectuara el pago en el plazo de diez días, se declara la quiebra de la subasta y se descontará del crédito del ejecutante el importe equivalente al depósito exigido a los demás postores para participar en la subasta, corriendo a su cargo los gastos de celebración de la nueva subasta».

CUESTIÓN

¿Qué ocurrirá cuando la mejor postura ofrecida en la subasta sea inferior al 50 % del valor de la misma?

Podrá el ejecutado, en el plazo de 10 días a contar desde la fecha de cierre de la subasta, presentar escrito indicando que otra persona está dispuesta a mejorar el precio de la subasta, ofreciendo una cantidad igual o superior al 50 % o que, aun siendo inferior a ese porcentaje, resulte suficiente para lograr la completa satisfacción del derecho del ejecutante.

La **nueva redacción del apartado 3 del 650 de la LEC suprime la posibilidad de realizar posturas ofreciendo pagar a plazos con garantías suficientes**, bancarias o hipotecarias, pues no se adaptan al sistema de subastas electrónicas, y por la complejidad de su tramitación, además, en la práctica, tales propuestas no han beneficiado a las partes de la ejecución, pudiendo, incluso, servir de cobertura a conductas fraudulentas y entorpecedoras de la propia subasta.

A TENER EN CUENTA. Hasta el 03/04/2025 el contenido del art. 650.3 de la LEC en relación con las propuestas de pago aplazado era la siguiente: «3. Si sólo se hicieren posturas superiores al 50 por 100 del avalúo pero ofreciendo pagar a plazos con garantías suficientes, bancarias o hipotecarias, del precio alzado, se harán saber al ejecutante, que, en los cinco días siguientes, podrá pedir la adjudicación de los bienes por el 50 por 100 del avalúo. Si el ejecutante no hiciere uso de este derecho, se aprobará el remate en favor de la mejor de aquellas posturas».

La persona indicada por el ejecutado en su escrito deberá haber ingresado previamente en la cuenta de depósitos y consignaciones el importe equivalente al del depósito exigido para participar en la subasta y tendrá un **plazo de 10 días** para pagar el resto del precio ofrecido. Ese plazo **se computará a partir del día en que se haya efectuado el ingreso**. Si no efectuara el pago en ese plazo perderá el depósito efectuado, que se aplicará a los fines de la ejecución y se acordará la celebración de una nueva subasta, si fuera necesaria. Ello sin perjuicio de que, si la mejora es por la cantidad suficiente para lograr la completa satisfacción del crédito del ejecutante, se practique la correspondiente liquidación a los efectos de ingresar la cantidad que falte o devolverle el sobrante que resulte. El ingreso del resto deberá **efectuarse también en el plazo de 10 días**, con apercibimiento de pérdida del depósito.

Habiendo pujas y no siendo el mejor postor, el ejecutante no podrá mejorar el precio ni pedir la adjudicación del bien o lote subastado con posterioridad a la subasta, conforme a lo dispuesto por el art. 647 de la LEC.

Cuando el ejecutado no haga uso de la facultad de mejora o esta no tenga efecto, se aprobará el remate en favor del mejor postor, siempre que la cantidad que haya ofrecido sea igual o superior al 30 % del valor de la subasta.

No obstante, también se aprobará el remate si **la cantidad ofrecida fuera suficiente para lograr la completa satisfacción del derecho del ejecutante** aun cuando sea inferior a ese porcentaje.

En cuanto al **sacrificio patrimonial que la aprobación del remate suponga para el deudor,** ahora también se tendrá en cuenta la no aprobación de la misma así como, además del sacrificio patrimonial del deudor, también se atenderá al del propio ejecutante o para terceros acreedores con sus derechos inscritos.

CUESTIØNES

1. ¿Qué ocurrirá cuando el ejecutado pudiera ejercitar la facultad de mejorar la postura?

Si por la cuantía de la puja el ejecutado pudiera ejercitar la facultad de mejorar la postura, del/ de la LAJ, transcurrido el plazo indicado, realizará la preceptiva notificación a quien hubiera realizado mejor postor, informándole, o en su caso, que la persona presentada por el ejecutado ha mejorado el precio ofrecido en la subasta y que se ordena la inmediata devolución del depósito efectuado para participar en ella.

2. En relación con la cuestión anterior, ¿qué ocurre si no hubiera habido mejora?

Con la nueva redacción del art. 650.4 de la LEC, como novedad, se contempla lo que ocurre en caso de que no haya mejora, o bien, esta finalmente no se hubiera llevado a efecto, así, aprobado el remate, se requerirá al mejor postor para que, en el plazo de 10 días efectúe el pago del resto del precio que ofreció, descontando el depósito. Verificado el ingreso, se le pondrá en posesión del lote subastado y se dictará el decreto de adjudicación. Si no realizara el pago, perderá su depósito, que se aplicará a los fines de la ejecución.

Por último, en el nuevo apartado 6 del art. 650 de la LEC, establece que consignada, cuando proceda, en la cuenta, de depósitos y consignaciones, la diferencia y el precio total del remate, **se ordenará al Portal de Subastas la devolución de los depósitos de los postores que han reservado postura.** Además, se ordenará la devolución de esos depósitos cuando el mejor postor haya sido el ejecutante, cuando la persona presentada por el ejecutado para mejorar postura haya ingresado el depósito requerido para ello, o cuando por cualquier otra causa hubiera quedado sin efecto la subasta con posterioridad a su celebración.

> **A TENER EN CUENTA.** Hasta el 03/04/2025 el contenido del apartado 7 del art. 650 de la LEC en relación con las propuestas de pago aplazado era la siguiente: «Aprobado el remate y consignada, cuando proceda, en la Cuenta de Depósitos y Consignaciones, la diferencia entre lo depositado y el precio total del remate, se dictará decreto de adjudicación en el que se exprese, en su caso, que se ha consignado el precio, dándose conocimiento de tal acto, igualmente, al Portal de Subastas».

1.8. Subasta sin postores

Antes de la reforma, cuando en el acto de la subasta no hubiere ningún postor el acreedor podía pedir la adjudicación de los bienes por el 30 % del valor de tasación o por la cantidad que se le deba por todos los conceptos, esto cambia sustancialmente (art. 651 de la LEC), pues para **el caso de la subasta de bienes muebles sin postores ahora el/la LAJ procederá al alzamiento del embargo a instancia del ejecutado.**

1.9. Devolución y destino de los depósitos constituidos para pujar y reserva de la postura

Finalizada la subasta, ahora a través del Portal de Subastas **se devolverán inmediatamente los depósitos de los postores excepto lo que corresponda al mejor postor**, que se reservará en depósito como garantía del cumplimiento de su obligación y, en su caso, como parte del precio de la venta.

Sin embargo, si los demás postores lo solicitan, también se mantendrá la reserva de las cantidades consignadas por ellos, para que, si el rematante no entregare en plazo el resto del precio, pueda adjudicarse el bien o lote en favor del primero de los que le sigan, por el orden de sus respectivas posturas y, si fueran iguales, por el orden cronológico en el que hubieran sido realizadas.

La **principal novedad** en este apartado radica en que ahora se contempla que, si, **en el plazo fijado, no consignase el rematante el complemento del precio, quedará sin efecto el remate inicial**. El remate se podrá aprobar en favor del postor que le hubiese seguido en el orden de su postura siempre que se hubiese producido la reserva y que la cantidad ofrecida por éste, sumada al depósito del primer postor, alcance el importe del remate principal fallido que constituirá el precio de adjudicación. En ningún caso se aprobará el remate en favor del segundo postor cuando, con el depósito constituido por el primer rematante, se puedan satisfacer el capital e intereses del crédito del ejecutante y las costas.

En el momento en que, como consecuencia del impago del precio por el primer postor, el Portal de Subastas comunique la identidad del siguiente postor cuya reserva de postura cumpla las condiciones exigidas, se devolverán los depósitos de los demás postores y quedarán sin efecto sus reservas de postura.

Cuando el mejor postor en la subasta haya sido el mismo ejecutante, se devolverán los depósitos de todos los postores que hubieran efectuado reserva de postura, como si el precio de remate ya hubiera sido satisfecho.

1.10. Quiebra de la subasta

Tras la entrada en vigor de la reforma operada por la **LO 1/2025, de 2 de enero**, si el mejor postor o, en su caso, el primero de los postores que hubiera reservado postura, no efectuara el pago del precio en el plazo señalado o si por su culpa dejare de tener efectos la venta, perderá el depósito que hubiera efectuado y se procederá a nueva subasta, salvo que con los depósitos constituidos por aquellos rematantes se pueda satisfacer el capital de intereses del crédito del ejecutante, si bien antes todo ello se refería a todos los rematantes.

2.
LA REFORMA DE LA SUBASTA DE BIENES INMUEBLES

Regulación de la subasta de bienes inmuebles

La subasta de bienes inmuebles se regula de forma específica en la **sección 6.ª**, capítulo IV, título IV, libro III, artículos 655 a 675 de la LEC. No obstante, se debe tener en cuenta que el artículo 655.2 de la LEC prevé la **aplicación supletoria de las normas relativas a la subasta de bienes muebles:**

> «En las subastas a que se refiere el apartado anterior serán aplicables las normas de la subasta de bienes muebles, salvo las especialidades que se establecen en los artículos siguientes».

La publicación de la Ley Orgánica 1/2025, de 2 de enero, de medidas en materia de eficiencia del Servicio Público de Justicia, el 3 de enero de 2025, ha supuesto diversas **modificaciones en la regulación de las subastas** cuya entrada en vigor, conforme a la D.F. 38.ª de la citada norma, se produce el **3 de abril de 2025.**

Antes de entrar en el análisis de las modificaciones señaladas, cabe hacer una breve referencia al **artículo 655 bis de la LEC** que trata de la subasta de bienes inmuebles y prevé el caso de que el bien objeto de la subasta sea la **vivienda habitual del ejecutado,** con especial alusión a la concurrencia de **vulnerabilidad** económica. Pues bien, dicho precepto ha sido declarado **inconstitucional y nulo** por la **sentencia del Tribunal Constitucional n.º 26/2025, de 29 de enero, ECLI:ES:TC:2025:26,** (con efectos desde el 28/02/2025, fecha de publicación de la STC en el BOE), ya que impugnada la obligación de acreditar por la parte demandante, gran tenedor de vivienda, si la parte demandada se encuentra o no en situación de vulnerabilidad económica, entiende el TC que las medidas no son razonables y proporcionales.

Así pues, en relación con la necesidad de acreditar la vulnerabilidad económica para poder iniciar la vía de apremio prevista en el artículo 655 bis de la LEC, entiende el TC que no cumple este precepto las exigencias constitucionales del derecho a la tutela judicial efectiva desde un canon de proporcionalidad y, en este sentido, señala:

> «(...) el juicio de proporcionalidad tampoco se supera respecto a la fase ejecutiva referida a la subasta de bienes inmuebles en el marco de la regulación del procedimiento de apremio de la ejecución dineraria, por cuanto la situa-

ción de vulnerabilidad del deudor es susceptible también de conocerse por otros medios, como es a través de las administraciones públicas competentes, sin afectación al derecho del ejecutante de iniciar la vía de apremio.

Por consiguiente, concluimos que las condiciones de admisibilidad o de procedibilidad previstas en los arts. 439.6 c) y 655 bis.1 LEC, al suponer trasladar a la parte actora una carga acreditativa desmesurada por ser la circunstancia a acreditar susceptible de conocerse también a través de medios igual o más asequibles, constituyen una barrera desproporcionada para el ejercicio del derecho a la tutela judicial efectiva, en las dos vertientes concernidas, resultando, por ello inconstitucionales y nulos por vulnerar el art. 24.1 CE.

d) Sentando lo anterior, debe declararse también inconstitucional y nulo lo dispuesto en los arts. 439.7 y 655 bis.2 LEC, añadidos por la disposición final quinta de la Ley 12/2023 (...)».

¿Cuáles son los artículos de la subasta de bienes inmuebles afectados por la L⬚ 1/2025, de 2 de enero?

La reforma operada por la LO 1/2025, de 2 de enero, afecta a los siguientes preceptos de la regulación de la subasta de bienes inmuebles:

- Artículo 655 de la LEC. Ámbito de aplicación de la subasta de bienes inmuebles.

- Artículo 656 de la LEC. Certificación de dominio y cargas.

– Artículo 657 de la LEC. Información de cargas extinguidas o aminoradas.

– Artículo 667 de la LEC. Convocatoria, anuncio y publicidad de la subasta.

– Artículo 668 de la LEC. Contenido del anuncio y publicidad de la subasta.

– Artículo 669 de la LEC. Condiciones especiales de la subasta.

– Artículo 670 de la LEC. Aprobación del remate, pago y adjudicación de los bienes al acreedor.

– Artículo 671 de la LEC. Subasta sin ningún postor.

2.1. Ámbito de aplicación de las normas de la subasta de bienes inmuebles

El ámbito de aplicación de las normas contenidas en los artículos 655 a 675 de la LEC respecto de la subasta de bienes inmuebles se establece en el **artículo 655.1 de la LEC** el cual se ha visto modificado por la LO 1/2025, de 2 de enero. En este sentido, las citadas normas serán de **aplicación en dos tipos de subastas ¿cuáles?**

– Las subastas de bienes inmuebles.

– Las subastas de bienes muebles sujetos a un régimen de publicidad registral similar al de los bienes inmuebles.

La **novedad** se introduce en relación con el segundo de los supuestos mencionados, pues la nueva redacción del artículo 655.1 de la LEC establece **una excepción a la aplicación de las normas de la subasta de bienes inmuebles** en ese caso. **¿En qué consiste esta excepción?** En que **no serán de aplicación a los bienes muebles** sujetos a un régimen de publicidad registral similar al de los inmuebles las **reglas relativas a la adjudicación y puesta en posesión de los bienes.**

2.2. Certificación de dominio y cargas

En el caso de las subastas previstas en el ámbito de aplicación referido prevé el **artículo 656 de la LEC** que el/la LAJ responsable de la ejecución **libre mandamiento al registrador para que remita al juzgado certificación en la que conste:**

– La titularidad del dominio y demás derechos reales del bien o derecho gravado.

– Los derechos de cualquier naturaleza que existan sobre el bien registrable embargado, en especial, relación completa de las cargas inscritas que lo graven o, en su caso, que se halla libre de cargas.

> **A TENER EN CUENTA.** Por la reforma realizada por la LO 1/2025, de 2 de enero, una vez implantados de forma efectiva los tribunales de instancia (D.T. 1.ª), todas las referencias realizadas a los juzgados unipersonales se entenderán realizadas a las secciones del orden jurisdiccional correspondiente de los tribunales de instancia.

La expedición de la referida certificación se hará constar por el registrador **mediante nota marginal** con expresión de la fecha y el procedimiento a que hace referencia.

¿Qué sucede si la petición de subasta del inmueble objeto de la ejecución se demora más de 6 meses desde la expedición de la certificación de cargas? Esta previsión se introduce por la LO 1/2025, de 2 de enero, conforme a la cual, en tales casos de demora, el/la LAJ, antes de dictar el decreto de convocatoria de subasta, podrá solicitar, de oficio, **nota simple registral actualizada** a efectos de comprobar si el estado registral actual del inmueble concuerda con el que resulta de la certificación de cargas obrante en el expediente. Asimismo, habrá de comprobarse la vigencia actual de las cargas preferentes que fueron tenidas en cuenta para valorar el bien a efectos de subasta, por si fuera necesario liquidarlas de nuevo.

> **A TENER EN CUENTA.** La nota simple registral prevista en el caso anterior se pondrá a disposición de los interesados en participar en la subasta mediante su incorporación a la documentación que debe publicarse en el Portal de Subastas del BOE.

Asimismo, el artículo 656.2 de la LEC contempla la **obligación del registrador de notificar**, inmediatamente y de forma telemática, al/a la LAJ y al Portal de Subastas el hecho de que se hayan presentado **otro u otros títulos que afecten o modifiquen la información inicial** a los efectos del artículo 667 de la LEC relativo a la convocatoria, anuncio y publicidad de la subasta. **¿Existe algún plazo para cumplir esta obligación?** Sí, tras la LO 1/2025, de 2 de enero, se especifica el tiempo en que rige dicha obligación cual es «desde el inicio de la subasta que haya de celebrarse y hasta su finalización».

La nueva redacción del artículo 656.2 de la LEC, concretamente el último párrafo incorporado por la meritada reforma prevé la obligación del/de la LAJ, a los mismos efectos del artículo 667 de la LEC, de **incorporar el código registral único de la finca a subastar, si dispone de él, a la información que transmita** al Portal de Subastas conforme al artículo 668 de la LEC. En la misma línea, el Portal de Subastas comunicará electrónicamente la publicación, cancelación o cierre de la subasta al Registro correspondiente.

Finalmente, la LO 1/2025, de 2 de enero, incorpora un nuevo **apartado 4 al artículo 656 de la LEC** con el siguiente tenor literal:

> «Expedida la certificación a que se refieren los apartados anteriores, el Registro la hará llegar en todo caso por medios electrónicos al órgano judicial correspondiente, sin perjuicio de su entrega o remisión al procurador que hubiera cuidado de su diligenciado, en su caso».

2.3. Información de cargas extinguidas o aminoradas

El artículo 657 de la LEC en relación con la información de cargas extinguidas o aminoradas también ha sido modificado por la LO 1/2025, de 2 de enero. En él se contempla la obligación del/ de la LAJ responsable de la ejecución de **dirigirse de oficio para que informen sobre la subsistencia actual del crédito garantizado y su actual cuantía**:

- De un lado, y tras la citada reforma, a los **acreedores registrales cuyos créditos sean preferentes o de igual rango** al que sirvió para el despacho de la ejecución. La redacción vigente hasta el día 3 de abril de 2025, incluido, alude en este punto a los titulares de los créditos anteriores que sean preferentes.

- De otro lado, al **ejecutado**.

Otra de las novedades introducidas en este punto se refiere a la incorporación del supuesto de que el crédito hubiera sido **satisfecho íntegramente en virtud de subrogación de acreedor, ¿qué sucede en estos casos?** Por un lado, se debe identificar al pagador y, por otro lado, será el nuevo acreedor el que deba informar del estado actual de su crédito.

> **CUESTIÓN**
>
> **¿A dónde se remitirán los oficios expedidos?**
>
> Tras la reforma operada por la LO 1/2025, de 2 de enero, los oficios expedidos deben remitirse a la dirección electrónica habilitada del acreedor y solo en defecto de esta se entregarán al procurador del eje-

cutante para que se encargue de su cumplimiento. Esta segunda opción era la única prevista hasta la entrada en vigor de la nueva redacción (03/04/2025).

Asimismo, se incorpora una **especialidad respecto de las entidades de crédito** en cuyo caso la contestación deberá acompañarse de los documentos que acrediten la identidad, facultades y representación del firmante de la certificación requerida, ya que, en defecto de los mismos, no se tendrá por atendido el requerimiento.

Para terminar, cabe señalar lo que sucede en los **casos en que pasen 10 días desde el requerimiento al ejecutado y a los acreedores sin que ninguno de ellos haya contestado.** En estos casos, según la redacción anterior, se entendía que la carga, a efectos de ejecución, estaba actualizada al momento del requerimiento en los términos previstos en el título preferente. Pues bien, tras la mencionada modificación, el artículo 657.3 de la LEC precisa para tales casos que el/la LAJ podrá **reiterar los requerimientos, con apercibimiento de la imposición de multa, en tanto no sean atendidos.**

CUESTIÓN

¿Qué multas proceden en el caso previsto en el artículo 657.3 de la LEC mientras no se atiendan los requerimientos?

El artículo 657.3 de la LEC en la redacción vigente a partir del 3 de abril de 2025 prevé que de no atenderse los requerimientos se impongan las multas coercitivas periódicas previstas en el artículo 589 de la LEC respecto de la manifestación de bienes del ejecutado y en el artículo 591 de la LEC respecto del incumplimiento del deber de colaboración.

2.4. Convocatoria, anuncio y publicidad de la subasta

El artículo 667 de la LEC hacía referencia a la convocatoria de la subasta de bienes inmuebles, si bien tras la reforma operada por la LO 1/2025, de 2 de enero, la rúbrica de dicho precepto reza «Convocatoria, anuncio y publicidad de la subasta».

Por lo tanto, la novedad en este punto viene dada por la incorporación de la referencia al anuncio y publicidad en la rúbrica, así como por la remisión al artículo 644 de la LEC en relación con la convocatoria y al artículo 645 de la LEC respecto del anuncio y publicidad de la subasta.

Ambos preceptos aluden a la convocatoria, anuncio y publicidad de la subasta de bienes muebles y se han visto modificados por la LO 1/2025, de 2 de enero, en los términos examinados al tratar de dicha subasta.

2.5. Contenido del anuncio y publicidad de la subasta

A pesar de la remisión que el artículo 668.1 de la LEC hace a lo previsto en el artículo 646 de la misma norma en relación con el contenido del anuncio de la subasta y su publicidad, el artículo 668.2 de la LEC prevé la incorporación al Portal de Subastas del edicto con un contenido específico en el caso de la subasta de bienes inmuebles.

A TENER EN CUENTA. El artículo 668.2 de la LEC ha sido modificado por la LO 1/2025, de 2 de enero, en vigor a partir del 03/04/2025, añadiendo distintos aspectos al contenido del Portal de Subastas.

Por tanto, **¿cuál será el contenido del Portal de Subastas en el caso de la subasta de bienes inmuebles?** En el Portal de Subastas se incorporará, de manera separada para cada una de ellas:

- El **edicto** el cual expresará:

    - Los datos previstos en el artículo 646 de la LEC.

    - La identificación de la finca o fincas objeto de la subasta.

    - Los datos registrales de las fincas, incluyendo, tras la reforma por la LO 1/2025, de 2 de enero, el código registral único.

    - Cuando la tuvieran, la referencia catastral.

    - La documentación que contenga cuantos datos y circunstancias sean relevantes para la subasta.

- **Necesariamente**, lo siguiente:

    - La certificación de dominio y cargas que se hubiera expedido al inicio de la ejecución (novedad de la LO 1/2025, de 2 de enero).

    - El avalúo o valoración que sirve de tipo para la subasta, incluyendo, a tales efectos, a partir del 3 de abril de 2025, el informe de tasación extrajudicial, cuyo certificado conste en el título ejecutivo, y que hubiera servido como referencia para determinar el valor de subasta.

– La minoración de cargas preferentes, si las hubiera, a estos efectos, como novedad de la nueva redacción, se incorporarán las comunicaciones en las que conste la situación actualizada de esos créditos.

– Su situación posesoria, si consta en el procedimiento de ejecución.

– Asimismo, cuando proceda, se indicará la posibilidad de **visitar el inmueble** objeto de la subasta prevista en el artículo 669.3 de la LEC.

Todos los datos y documentos referidos deberán remitirse al Portal de Subastas para que pueda tratarlos electrónicamente con la finalidad de facilitar y ordenar la información.

Además de todo lo expuesto, en el edicto y en el Portal de Subastas también se debe:

– Hacer constar que se entiende que todo licitador acepta como bastante la titulación existente en el procedimiento de ejecución o asume su inexistencia, y las consecuencias de que sus pujas no superen los porcentajes del tipo de la subasta previstos en el artículo 670 de la LEC.

– Informar de que el traslado previsto en el artículo 670 de la LEC a los efectos de que el ejecutado pueda presentar a otra persona que mejore el precio resultante de la subasta, comenzará a contar desde la fecha de su cierre, sin necesidad de notificación. Esto se hará constar en el decreto que acuerde la subasta.

> **A TENER EN CUENTA.** El punto anterior constituye una novedad introducida por la LO 1/2025, de 2 de enero, en vigor a partir del 3 de abril de 2025.

– Señalar que las cargas, gravámenes y asientos anteriores al crédito del actor continuarán subsistentes y que, por el solo hecho de participar en la subasta, el licitador los admite y acepta quedar subrogado en la responsabilidad derivada de aquellos si el remate se adjudicare a su favor.

Finalmente, la LO 1/2025, de 2 de enero, también modifica el artículo 668.3 de la LEC suprimiendo las referencias a la certificación registral. Así, queda redactado en los términos siguientes:

«De toda finca objeto de licitación se facilitará desde el Registro correspondiente, a través del Portal de Subastas, la información registral actualizada a que se refiere el artículo 667, la referencia catastral si estuviera incorporada a la finca e información gráfica, urbanística o medioambiental asociada a la finca en los términos legalmente previstos, si ello fuera posible».

2.6. Condiciones especiales de la subasta

En relación con las condiciones especiales de la subasta, la LO 1/2025, de 2 de enero, modifica el artículo 669 de la LEC, concretamente los apartados 1 y 4.

En primer lugar, el apartado 1 del artículo 669 de la LEC hace referencia al **depósito necesario para tomar parte en la subasta**. Así en el caso de bienes inmuebles, la cantidad a consignar a los efectos indicados ha sido elevada tras la citada reforma, de modo que:

– **Antes del 3 de abril de 2025**: consignación de una cantidad equivalente al **5 % del valor que se haya dado a los bienes** conforme al artículo 666 de la LEC.

– **A partir del 3 de abril de 2025**: consignación de una cantidad equivalente al **20 % del valor que se haya dado a los bienes** conforme al artículo 666 de la LEC o un **mínimo de 1.000 euros si el importe resultante** de aplicar dicho porcentaje **fuera inferior**.

Como novedad, la citada norma incorpora la posibilidad de que **el/la LAJ eleve o reduzca el porcentaje del depósito** atendiendo a las circunstancias de la subasta.

En segundo lugar, se modifica ligeramente el **apartado 4 del artículo 669 de la LEC** para incorporar la referencia al Portal de Subastas y la remisión al artículo 667 de la LEC. Así, queda redactado en los siguientes términos:

«La reanudación de la subasta suspendida por un periodo superior a quince días se realizará mediante una nueva publicación del anuncio y una nueva petición de información registral desde el Portal de Subastas, en su caso, como si de una nueva subasta se tratase, en la forma prevista por el artículo 667».

2.7. Aprobación del remate, pago y adjudicación de bienes

A la aprobación del remate, pago y adjudicación de bienes al acreedor se refiere el artículo 670 de la LEC siendo en este punto donde se han introducido más modificaciones por la LO 1/2025, de 2 de enero, dentro de la subasta de bienes inmuebles como se analiza a continuación.

a) Agilización de trámites

A los efectos de agilizar los trámites se establece que el **inicio del cómputo de los plazos para pago del resto del precio y traslado para mejora de postura**, cuando no cubra los porcentajes mínimos, se produzca **automáticamente desde la fecha de cierre de la subasta. ¿Cómo es esto posible?** Pues porque el Portal de Subastas del BOE publica siempre el precio ofrecido por el mejor postor, lo que permite conocer el resultado a cualquiera que tenga interés en la subasta.

Asimismo, con la finalidad prevista en el párrafo anterior, **se acortan plazos**, concretamente, el **plazo para pagar el resto del precio ofrecido que pasa de 40 días a 20 días**, ya que se entendía que el plazo anterior ralentizaba en exceso el trámite y la devolución de depósitos a los postores que reservaron postura. **¿Qué dice ahora el artículo 670.1 de la LEC al respecto?** Cuando la mejor postura sea igual o superior al 70 % del valor por el que el bien hubiera salido a subasta, el/la LAJ al día siguiente del cierre de la subasta aprobará mediante decreto el remate en favor del mejor postor y añade:

> «En el plazo de veinte días siguientes al cierre de la subasta, el mejor postor habrá de consignar en la Cuenta de Depósitos y Consignaciones la diferencia entre lo depositado y el precio total del remate».

CUESTIΩNES

1. ¿Qué sucede en el caso de que la mejor postura igual o superior al 70 % la hace el ejecutante?

Este supuesto se prevé en el artículo 670.2 de la LEC del que se infiere que han de concurrir las siguientes circunstancias en cuanto a la mejor postura:

- Ha de ser igual o superior al 70 % del valor por el que el bien haya salido a subasta.
- Asimismo, tras la modificación operada por la LO 1/2025, de 2 de enero (en vigor a partir del 03/04/2025), se exige que sea superior al principal reclamado.
- Ha de ser hecha por el ejecutante.

Cumplidas las condiciones anteriores y aprobado el remate, el/la LAJ procederá a la liquidación de lo que se deba por principal, intereses y costas. Una vez notificada la liquidación, el ejecutante consignará la diferencia, en caso de que la haya, y se dictará el decreto de adjudicación (este último paso ha sido añadido por la citada reforma).

2. En relación con la cuestión anterior, ¿qué ocurre si no se efectúa el pago en el plazo de 10 días?

La previsión de esta posibilidad ha sido incorporada por la LO 1/2025, de 2 de enero, concretamente, en el inciso final del artículo 670.2 de la LEC del que se infiere que la falta de pago en el plazo de 10 días señalado supone la declaración de la quiebra de la subasta y que se descuente del crédito del ejecutante el importe equivalente al depósito exigido a los demás postores para participar en la subasta.

3. ¿De cargo de quién son los gastos de la celebración de la nueva subasta en el caso anterior?

Serán de cargo del ejecutante que no efectúa el pago en el citado plazo de 10 días.

b) Propuesta de pago aplazado

La nueva redacción del artículo 670.3 de la LEC suprime esta posibilidad. **¿En qué se basa el legislador para ello?** Por un lado, en el hecho de que no se adaptan al sistema de subastas electrónicas —pujas incondicionadas y por importes concretos—, y, por otro lado, en la complejidad de su tramitación, además, en la práctica, tales propuestas no han beneficiado a las partes de la ejecución, pudiendo, incluso, servir de cobertura a conductas fraudulentas y entorpecedoras de la propia subasta.

A TENER EN CUENTA. Hasta el 03/04/2025 el contenido del artículo 670.3 de la LEC en relación con las propuestas de pago aplazado era el siguiente: «Si sólo se hicieren posturas superiores al 70 por

100 del valor por el que el bien hubiere salido a subasta, pero ofreciendo pagar a plazos con garantías suficientes, bancarias o hipotecarias, del precio aplazado, se harán saber al ejecutante quien, en los veinte días siguientes, podrá pedir la adjudicación del inmueble por el 70 por 100 del valor de salida. Si el ejecutante no hiciere uso de este derecho, se aprobará el remate en favor de la mejor de aquellas posturas, con las condiciones de pago y garantías ofrecidas en la misma».

c) Mejora de la subasta

En cuanto a la mejora de la subasta hay que tener en cuenta los **apartados 3 y 4 del artículo 670 de la LEC**. Así pues, en el caso de que la **mejor postura** ofrecida en la subasta sea **inferior al 70 % del valor** por el que el bien hubiere salido a subasta, se abre la **posibilidad de que el ejecutado presente una mejor postura**. Tras la reforma operada por la LO 1/2025, de 2 de enero, se suprime la alusión al caso de que el ejecutado no presente mejor postura. Por otro lado, constituye una novedad el hecho de que se contemplen ahora la forma y requisitos con que la mejora ha de ser llevada a efecto.

¿Cuáles son los pasos a seguir respecto de la mejora de la postura?

– Dispone el ejecutado de un plazo de 10 días para presentar la mejor postura. Dicho plazo, a partir del 03/04/2025, se contará desde la fecha de cierre de la subasta, hasta esa fecha nada se especificaba al respecto.

- La presentación de la mejor postura habrá de hacerse mediante escrito indicando que otra persona está dispuesta a mejor el precio de la subasta. Hasta la fecha indicada, se presentaba al tercero que mejora la postura directamente.

- Por lo que respecta a la cantidad de la nueva postura, ha de ofrecerse una cantidad igual o superior al 60 % del valor de subasta o, incluso inferior a ese porcentaje, siempre que resulte suficiente para la completa satisfacción del derecho del ejecutante. La novedad en este punto se encuentra, atendiendo a las circunstancias actuales, en la reducción del porcentaje mínimo de mejora exigido, en tanto hasta el 03/04/2025 la cantidad ha de ser superior al 70 % del valor de tasación.

- Se exige que la persona indicada por el ejecutado para la mejora ingrese previamente en la cuenta de depósitos y consignaciones el importe equivalente al del depósito exigido para participar en la subasta.

- La citada persona dispone de un plazo de 10 días, contados a partir del día en que se haga el ingreso, para pagar el resto del precio ofrecido. **¿Qué sucede si no hace el pago en plazo?** Perderá el depósito realizado, el cual se aplicará a los fines de la ejecución, y se acordará, si es necesario, que se celebre nueva subasta.

- Lo anterior se entiende, sin perjuicio de que, si la mejora es por la cantidad suficiente para lograr la completa satisfacción del crédito del ejecutante, se practique la correspondiente liquidación para ingresar la cantidad que falte o devolverle el sobrante. Igualmente, el ingreso del resto debe hacerse en el plazo de 10 días, con apercibimiento de pérdida del depósito.

El ejecutante no podrá mejorar el precio ni pedir la adjudicación del bien o lote con posterioridad a la subasta, conforme a lo dispuesto en el artículo 647 de la LEC respecto de la subasta de bienes muebles, cuando haya pujas y no sea el mejor postor.

¿Qué ocurre cuando el ejecutado no hace uso de la facultad de mejora o esta no ha tenido efecto? En este caso, se aprobará el remate del bien en favor del mejor postor, aun en el caso de que se haya subastado conjuntamente con otros bienes, y siempre que la cantidad ofrecida por él sea igual o superior al 50 % de su valor de subasta. Asimismo, se aprobará el remate por la cantidad suficiente para lograr la completa satisfacción del derecho del ejecutante, si bien no podrá ser inferior al 40 % del valor de la subasta. En este último caso, la adjudicación del bien supondrá la terminación de la ejecución por completa satisfacción del ejecutante, quedando liberados los demás bienes que pudieran garantizar el pago de lo reclamado.

A TENER EN CUENTA. Hasta el 03/04/2025, el artículo 670.4, párrafo tercero, de la LEC, respecto de la cuestión anterior, señalaba «Cuando el ejecutante no haga uso de esta facultad, se aprobará el remate en favor del mejor postor, siempre que la cantidad que haya ofrecido supere el 50 por ciento del valor de tasación o, siendo inferior, cubra, al menos, la cantidad por la que se haya despachado la ejecución, incluyendo la previsión para intereses y costas (...)».

CUESTIᐧNES

1. Si la mejor postura no cumple los requisitos exigidos ¿cuáles serán las consecuencias?

En tal caso, el/la LAJ responsable de la ejecución, oídas las partes, resolverá sobre la aprobación del remate a la vista de las circunstancias del caso y teniendo en cuenta especialmente:

- La conducta del deudor en relación con el cumplimiento de la obligación por la que se procede.
- Las posibilidades de lograr la satisfacción del acreedor mediante la realización de otros bienes.
- El sacrificio patrimonial que la aprobación o no aprobación del remate suponga para el deudor, para el propio ejecutante o para terceros acreedores con sus derechos inscritos. La LO 1/2025, de 2 de enero, añade la referencia a la no aprobación del remate, así como la alusión al sacrificio para el propio ejecutante o para terceros acreedores con sus derechos inscritos.
- El beneficio que de ella obtenga el acreedor.

2. ¿Contra la resolución que apruebe o deniegue el remate cabe recurso alguno?

Sí, contra el decreto aprobando o denegando el remate cabe recurso directo de revisión ante el tribunal que dictó la orden general de ejecución.

3. ¿Qué sucede en caso de que el/la LAJ deniegue la aprobación del remate?

En este supuesto, a instancia del ejecutado, el/la LAJ procederá al alzamiento del embargo. Hasta el 3 de abril de 2025, para este caso, habrá de estarse a lo previsto respecto de la subasta sin ningún postor en el artículo 671 de la LEC.

Finalmente, el **nuevo apartado 4 del artículo 670 de la LEC** hace referencia al caso de que, atendiendo a la cuantía de la puja, el **ejecutado pueda ejercitar la facultad de mejorar la postura. ¿Cómo se procede en este supuesto?** Pues bien, el/la LAJ, transcurrido el plazo fijado, efectuará la preceptiva notificación a quien hubiera resultado mejor postor y le informará:

– De que la persona presentada por el ejecutado ha mejorado el precio ofrecido en la subasta.

– Y de que se ordena la inmediata devolución del depósito efectuado para participar en ella.

A falta de mejora o si no se lleva a efecto, una vez aprobado el remate, se requerirá al mejor postor para que **en el plazo de 20 días pague el resto del precio** que ofreció, descontado el depósito. Caben dos posibilidades:

– **Realiza el ingreso**: verificado este, se dicta decreto de adjudicación.

– **No se realiza el pago**: pierde el depósito, el cual se aplicará a los fines de la ejecución.

d) Conclusión de la subasta

No existiendo modificación en los apartados 5 y 6 del artículo 670 de la LEC, corresponde ahora examinar los cambios introducidos en los apartados 7 y 8 de aquel precepto.

En concreto, el primero de ellos hace referencia al caso de que el ejecutado, antes de la aprobación del remate o de la adjudicación al ejecutante,

libere sus bienes pagando íntegramente lo que le deba por principal, intereses y costas. Pues bien, la novedad radica aquí en la previsión de que, en estos casos, el/la LAJ, mediante decreto, acordará la cancelación de la subasta —hasta el 03/04/2025, la suspensión de la misma—, o dejar sin efecto aquella. Respecto de lo anterior, se exige ahora que la subasta haya concluido y se suprime la necesidad de comunicar inmediatamente la resolución, cualquiera que sea su contenido, al Portal de Subastas.

En cuanto al artículo 670.8 de la LEC, se introduce la referencia a la **devolución de los depósitos de los postores que hayan reservado postura**, en consonancia con las demás modificaciones. Así, dicho precepto queda redactado como sigue:

«Consignada, cuando proceda, en la Cuenta de Depósitos y Consignaciones, la diferencia entre lo depositado y el precio total del remate, se ordenará al Portal de Subastas la devolución de los depósitos de los postores que han reservado postura y se dictará decreto de adjudicación en el que se exprese, en su caso, que se ha consignado el precio, así como las demás circunstancias necesarias para la inscripción con arreglo a la legislación hipotecaria. También se ordenará la devolución de los depósitos de esos postores cuando el mejor postor haya sido el ejecutante, cuando la persona presentada por el ejecutado para mejorar postura haya ingresado el depósito requerido para ello, o cuando por cualquier otra causa hubiera quedado sin efecto la subasta con posterioridad a su celebración».

e) Caso especial de la subasta de la vivienda habitual del deudor

La referencia del último párrafo del artículo 670.3 de la LEC al caso especial de la subasta de la vivienda habitual del deudor constituye una novedad de la LO 1/2025, de 2 de enero.

A TENER EN CUENTA. Los límites del 70 % y, en su caso del 60 %, respecto de la subasta de la vivienda habitual del deudor se contemplaban en la redacción anterior al tratar de la subasta sin postor en el artículo 671 de la LEC y en relación con dicho supuesto.

Con la nueva regulación y como regla general, se establece que, en estos casos de vivienda habitual del deudor, **no se aprobará el remate por cantidad inferior al 70 %** de su valor de subasta. **¿Existe alguna excepción a esta regla? Sí,** el caso en que la adjudicación se haga por la cantidad debida al ejecutante por todos los conceptos, en cuyo caso no se podrá aprobar el remate de la vivienda por menos del 60 % del valor de subasta.

¿Qué sucede si el ejecutante es el mejor postor ofreciendo un precio que no cumple las condiciones anteriores? En ese caso, el/la LAJ, en defecto del ejercicio por el ejecutado de su facultad de mejora, procederá a aprobar el remate de la vivienda por el 70 % del valor de subasta o por la cantidad que se le deba por todos los conceptos si fuera inferior a dicho porcentaje, con un mínimo del 60 % de su valor de subasta.

En todo caso, se aplicará la **regla de imputación de pagos del artículo 654.3 de la LEC,** es decir, se seguirá el orden siguiente:

1. Intereses remuneratorios.
2. Principal.
3. Intereses moratorios.
4. Costas.

A TENER EN CUENTA. El citado artículo 654.3 de la LEC ha sido modificado por la LO 1/2025, de 2 de enero (03/04/2025) a los solos efectos de atribuir la obligación de expedir la certificación acreditativa del remate y de la deuda pendiente por todos los conceptos (principal, intereses y costas) al LAJ. Hasta el 03/04/2025, dicha obligación recaía sobre el tribunal.

2.8. Subasta sin postor

El artículo 671 de la LEC, para el caso de que no hubiere postores en la subasta, preveía la **posibilidad de que el acreedor en el plazo de 20 días siguientes al cierre de la subasta pidiese la adjudicación del bien** señalando:

> «Si en la subasta no hubiere ningún postor, podrá el acreedor, en el plazo de los veinte días siguientes al del cierre de la subasta, pedir la adjudicación del bien. Si no se tratare de la vivienda habitual del deudor, el acreedor podrá pedir la adjudicación por el 50 por cien del valor por el que el bien hubiera salido a subasta

o por la cantidad que se le deba por todos los conceptos. Si se tratare de la vivienda habitual del deudor, la adjudicación se hará por importe igual al 70 por cien del valor por el que el bien hubiese salido a subasta o si la cantidad que se le deba por todos los conceptos es inferior a ese porcentaje, por el 60 por cien. Se aplicará en todo caso la regla de imputación de pagos contenida en el artículo 654.3».

Si el acreedor, en el plazo indicado, no hiciere uso de la facultad prevista, entonces se contemplaba el alzamiento del embargo.

Pues bien, la modificación operada por la LO 1/2025, de 2 de enero, se refiere **directamente al alzamiento del embargo como consecuencia de la falta de postores en la subasta** y así establece el artículo 671 de la LEC, párrafo primero, que *«si en la subasta no hubiere ningún postor, el letrado o letrada de la Administración de Justicia, a instancia del ejecutado, procederá al alzamiento del embargo»*. Es decir, a falta de pujas en la subasta, el ejecutante ya no puede solicitar después la adjudicación de los bienes, procediéndose, a instancia del ejecutado, al alzamiento del embargo.

La citada reforma introduce **tres nuevos párrafos en el artículo 671 de la LEC** que se analizan a continuación.

En primer lugar, hace referencia al **importe mínimo** por el que puede aprobarse **el remate o la adjudicación del bien** que, en el caso de los inmuebles será del **50 %**, con la particularidad de que, **si la cantidad adeudada por todos los conceptos fuera inferior, se aprobaría siempre que cubra el**

40 % del valor de subasta. A este respecto señala el párrafo segundo del artículo 671 de la LEC:

«No obstante, desde la finalización de la subasta desierta, el ejecutado, por sí o a propuesta del ejecutante, puede designar una persona que esté dispuesta a adjudicarse el bien por un importe que sea igual o superior al 50 por ciento de su valor de subasta. También se podrá adjudicar por la cantidad suficiente para lograr la completa satisfacción del derecho del ejecutante, sin que pueda ser inferior al 40 por ciento del valor de subasta. En este caso, la adjudicación del bien supondrá la terminación de la ejecución por completa satisfacción del ejecutante, quedando liberados el resto de bienes que pudieran garantizar el pago de lo reclamado».

¿Qué ocurre en caso de que la petición de adjudicación fuera por importe inferior al señalado? En este caso el/la LAJ responsable de la ejecución, oídas las partes, resolverá a la vista de las circunstancias del caso y teniendo en cuenta especialmente la conducta del deudor en relación con el cumplimiento de la obligación por la que se procede, las posibilidades de lograr la satisfacción del acreedor mediante la realización de otros bienes, el sacrificio patrimonial que la aprobación o no aprobación del remate suponga para el deudor, para el propio ejecutante o para terceros acreedores con sus derechos inscritos, y el beneficio que de ella obtenga el acreedor. El decreto que apruebe o deniegue el remate será susceptible de recurso directo de revisión ante el tribunal que dictó la orden general de ejecución.

Finalmente añade el artículo 671 de la LEC que *«en todo caso, las partes de la ejecución pueden solicitar, de común acuerdo, la celebración de nueva subasta, o proponer otras formas de satisfacción del derecho del ejecutante, conforme a lo previsto por el artículo 640».*